AF242998

L'HEURE EST A DIEU

INTERVENTION

DU

SACRÉ COEUR

DANS LA CAUSE

DU SAINT-SIÉGE ET DE LA FRANCE

DE PIE IX ET DE HENRI V

LE MANS

IMPRIMERIE LEGUICHEUX-GALLIENNE

15, Rue Marchande, 15

1871

L'HEURE EST A DIEU

INTERVENTION

DU

SACRÉ COEUR

DANS LA CAUSE

DU SAINT-SIÉGE ET DE LA FRANCE

DE PIE IX ET DE HENRI V

LE MANS

IMPRIMERIE LEGUICHEUX-GALLIENNE

15, Rue Marchande, 15

1871

APPEL

A LA PERSÉVÉRANCE DANS LA PRIÈRE

Et dans le recours au Cœur de Jésus

L'Église et la société n'ont d'espérance que dans le Cœur de Jésus; c'est lui qui guérira tous nos maux.

(Paroles de S. S. Pie IX.)

Persévérons donc, malgré les symptômes alarmants qui éclatent de toutes parts; persévérons dans la confiance que c'est du Cœur de Jésus que nous viendra le secours..,... Redoublons d'énergie dans nos actes de foi, de charité, de dévouement envers Pie IX et la patrie..... Persévérons dans la prière et le culte du Sacré Cœur, et nous serons exaucés.....

Quant au grand pontife lui-même, il n'y a pas un seul jour, disons plus, pas un seul instant où sa prière ardente ne s'efforce de faire violence au ciel pour obtenir, en notre faveur, grâce, miséricorde et pardon... Que tous les vrais catholiques prient aussi sans cesse en union avec lui. Voilà un gage assuré de victoire : *Hæc est victoria quæ vincit mundum, fides nostra.*

Ne soyons pas de ceux qui, ignorant les voies de Dieu, disent. La protection du ciel se fait bien attendre!... Si elle se fait attendre, c'est que le Cœur de Jésus seul veut nous sauver, et il saura faire servir à l'accomplissement de ses desseins les plans, les luttes et les succès mêmes de ses ennemis?...

Mais que cette attente ne soit pas un obstacle à l'acte d'une foi qui n'hésite pas, et à la prière.

PROLOGUE

Un mot sur le but que nous nous sommes proposé en résumant, dans cet opuscule, nos pensées, nos désirs, nos espérances...

Devant un avenir aussi sombre que le nôtre, en face d'un aveuglement général qui empêche de reconnaître la main qui nous frappe, la dévotion au Cœur du divin Maître, semble bien être notre ressource unique, selon ces paroles de Pie IX : *L'Église et la société n'ont d'espérance que dans le Sacré Cœur, c'est Lui qui guérira tous nos maux.*

Oui, la France — qui est pour nous la société — la France trahie, brisée par la Révolution, sortira du fond de l'abime où elle a été précipitée. Oui, les malheurs de la Papauté, — qui est pour nous l'Église, (1) — auront un terme ; et lorsque la Providence aura fait luire ces jours de justice et de salut, les Français salueront, dans un même élan, *l'oriflamme du Sacré Cœur et l'étendard de Jeanne d'Arc*, ces deux symboles de notre rédemption et de notre gloire !... »

Voilà ce que nous avons voulu nous persuader à nous-même, et pour cela nous n'avons eu besoin que de recueillir certaines appréciations, quelques faits qui désormais appartiendront à l'histoire, divers motifs de confiance, fournis par l'intervention du Sacré Cœur déjà sensiblement expérimentée ..

Tout cet ensemble a dû former notre conviction religieuse personnelle ; nous serions heureux qu'elle fût partagée par nos lecteurs !

____

(1) *Le Pape et l'Église, c'est tout* un, a dit saint François de Sales.

I.

OPPORTUNITÉ ACTUELLE

DE LA DÉVOTION AU SACRÉ-CŒUR

On sait que la dévotion au Sacré Cœur, reconnue de tout temps par la sainte Église, se trouva comme divinement sanctionnée, dans un monastère de la Visitation Sainte-Marie, vers la fin du XVIIe siècle. C'est de là en conséquence, qu'elle prit une merveilleuse extension. En effet, à partir du jour où elle avait été plus explicitement recommandée à une âme d'élite, la bienheureuse Marguerite-Marie (1), elle fut partout acceptée comme le suprême effort de la charité divine pour le salut des hommes, et comme un gage

(2) Religieuse de la Visitation, à Paray-le-Monial, (Diocèse d'Autun)

particulier de l'intervention du ciel, à une époque si menaçante pour la foi catholique et la paix du monde.

« N'en soyons pas surpris. Le cœur est la source de la bonté et de la justice, l'une ne va pas sans l'autre ; si cela est vrai de l'homme, ce l'est encore bien plus de Dieu : aussi ne peut-on séparer ces deux attributs, et voilà pourquoi une dévotion si chère à la France, depuis près de deux siècles, est aujourd'hui, plus que jamais celle qui peut et qui doit nous mériter les trésors de grâce dont nous avons tant besoin, pour racheter un passé et un présent si coupables à l'égard de Celui qui est la bonté et la justice même..... »

Entendons, à ce sujet, la voix d'un de nos vénérables prélats qui a eu pour mission, pendant plusieurs années de son épiscopat, d'éclairer et d'encourager, sous ce rapport, les fidèles dévoués au Cœur de Jésus :

« Nous ne l'ignorons pas, les habiles du siècle
« en appellent à d'autres moyens pour sauver la
« société qui chancelle sur ses bases, comme un

« édifice usé par les ans. Sourds aux sévères le-
« çons de la Providence, qui a convaincu leur
« sagesse de folie et brisé leur puissance comme
« un roseau fragile, on les verra peut-être encore
« recourir aux expédients de la politique, et
« mettre leur salut *dans le nombre de leurs chars*
« *et dans la vitesse de leurs coursiers*; mais, pour
« nous, loin de nous laisser abattre avec ceux
« qui s'appuient sur des bras de chair et tom-
« beront avec eux, nous élèverons nos regards
« vers le sanctuaire mystérieux du Dieu de force
« et d'amour, et nous nous renfermerons dans
« la citadelle sacrée de ce Cœur divin, qui a été
« ouvert sur la croix comme un asile impéné-
« trable, où les traits empoisonnés de Satan ne
« peuvent atteindre les fidèles qui vont y cher-
« cher un abri au plus fort de l'orage. » (1).

Ces paroles sont éminemment propres à exci-
ter notre confiance ; elles demandent aussi de
nous une sorte d'acte de foi. Oui, Dieu veut que
nous nous tournions vers le Cœur de son divin

(1) Monseigneur l'évêque d'Autun.

Fils, nous n'en pouvons douter ; il nous dit à tous ce qu'il a fait entendre un jour à la bienheureuse Marguerite Marie : *Le voilà ce Cœur qui a tant aimé les hommes!....*

Puisse cette assurance que nous inspire Notre-Seigneur Jésus-Christ lui-même, retentir au cœur de ceux qui ne l'ont pas comprise jusqu'ici, et qui croient plus volontiers aux promesses des ennemis de la société chrétienne, qu'aux révélations du *Dieu qui est charité, Deus charitas est!!!*

II.

INTERVENTION DU SACRÉ-CŒUR

DANS LA CAUSE DU SAINT-SIÉGE

ET DE PIE IX

Nous assistons, de nos jours, à un triste spectacle. Sans parler d'une nation qui, à force d'attentats sacrilèges, est parvenue à dépouiller le Souverain-Pontife de son domaine temporel et à le détroner autant qu'il était en elle, mettant ainsi en péril la liberté de l'Église ; sans nous arrêter à la pensée si affligeante de tous ces ennemis de Dieu et de Jésus-Christ, qui vont jusqu'à la fureur dans leur haine contre la religion et contre ses ministres, ne pouvons-nous pas dire que nous rencontrons chaque jour et partout des hommes, honnêtes du reste, des catholiques même, aussi indifférents, à la vue des dangers qui menacent la société humaine, que prévenus contre la seule institution qui pourrait la sauver ?

Ingrats et insensés qui ne voient pas qu'en abolissant la Papauté, ou en la privant de son indépendance, on ruinerait une institution sacrée, la seule capable d'améliorer les peuples et de sauvegarder leur foi et leur liberté !...

Qu'est-ce, en effet, qu'un Pape ?— Un Pape, ce n'est pas seulement un théologien fameux, un savant ou un habile diplomate, un roi même, c'est quelque chose de plus, c'est l'ambassadeur de Celui à qui appartient l'indépendance ; et par conséquent un Pape, c'est l'arbitre souverain des peuples et des rois, la pierre angulaire sociale, le phare lumineux de l'univers, loin duquel la société humaine, comme sous le paganisme, irait à l'aventure et tomberait bientôt dans les mêmes abîmes.

Un Pape, c'est selon la formule de notre foi à cet égard, *le Vicaire de Jésus-Christ*, et il a et doit avoir, en cette qualité, dans la ville sanctifiée par le sang de nos premiers martyrs, son siége son trône sa demeure royale, de même que Jésus-Christ a la sienne dans l'Église, si bien appelée cité et royaume de Dieu, Palais de Dieu, son trône terrestre...

Bien impies ou bien aveugles sont donc ceux qui nourrissant contre l'Église les plus sinistres desseins voudraient enlever à la Papauté son siége naturel, Rome, ou dans Rome même la confiner dans les jardins du Vatican, la reléguer dans les catacombes !...

Rassurons-nous, Pie IX est le Pape cher de préférence au Cœur de Jésus. On connaît la coïncidence providentielle du vingt-cinquième anniversaire de son élection avec la fête du Sacré-Cœur. Peut-on douter que notre bien-aimé Pontife n'ait profité de cette circonstance pour se donner, plus que jamais, au Cœur de Jésus ; pour lui consacrer son Pontificat, sa vie, tout son être, et son cœur par-dessus tout ?...

Oui, Pie IX est le Pape cher au Cœur de Jésus. Il l'est parce qu'il représente d'une manière sensible Notre-Seigneur Jésus-Christ, considéré dans son humanité sainte. La charité et la tendresse, la force tempérée par la douceur, n'est-ce pas là le signe distinctif de son caractère? A voir la bienveillance inaltérable de cette âme, qui se réflète sur tout son visage, on sent que les élévations de ce grand cœur vers Dieu, sont surtout des prières et des supplications inspirées par la miséricorde...

Or, par toutes ses vertus, et spécialement par sa mansuétude, Pie IX ne réalise-t-il pas la plus ineffable conformité du cœur humain avec le Cœur divin de Jésus?...

Mais d'où vient que ce Pape, si plein de commisération pour tous, dont on a dit: « C'est le meilleur des cœurs dans le pire des siècles, » ait été constamment en butte à la persécution, payé pour tous ses bienfaits, par toutes sortes d'ingratitudes et d'infidélités?...

En voici peut-être l'explication: au jour où notre divin Sauveur, témoin des premières épreuves de son Pontife, a entendu sortir de sa bouche cette héroïque parole : «Je vous suivrai, Seigneur, partout ou vous irez , » Il lui a présenté son calice, et Pie IX, portant à ses lèvres la coupe amère, y a bu à longs traits. C'est pourquoi il a été trouvé digne de gravir, à la suite du Fils de Marie, la montagne du Calvaire. Il a contemplé la Victime sainte immolée sur le bois du sacrifice; il a vu le Cœur de Jésus ouvert par la lance, il y est entré et à dit : « C'est ici le lieu de mon repos» je n'en aurai pas d'autre que ce Cœur épuisé de sang et d'eau, où l'Église à pris naissance. »

Et maintenant rappelons que c'est Pie IX qui a propagé la dévotion au Sacré Cœur par tous les moyens qui étaient en son pouvoir aposto_lique. C'est lui qui a décerné l'honneur des au-tels à la vierge de la Visitation ; c'est lui qui a voulu que ses défenseurs les plus intrépides, les zouaves de Rome, portassent, sur leur poitrine, un emblême du Sacré Cœur. C'est ce saint Pape qui, en 1865, accordant à l'univers catholique la faveur d'un jubilé, et montrant, dans une en-cyclique devenue célèbre, de quelles calamités étaient menacées la société religieuse et la société civile, invitait les évêques et les fidèles à se réfugier avec lui DANS LE TRÈS-DOUX CŒUR DE JÉSUS, VICTIME DE SON ARDENT AMOUR POUR NOUS.

Le moment est venu de répondre à cet appel : Rome est convoitée par l'ambition d'un roi, esclave de la Révolution, qui veut en faire définitivement sa capitale ; mais Rome peut-elle cesser d'être la ville des Papes, le centre du Catholicisme ?... Le siége de Pierre n'est pas autre que celui de la royauté sur terre du divin Fondateur de l'Église lui-même ; et le trône de sa puissance, c'est Rome ; c'est de là qu'il règne et règnera toujours, ainsi qu'il est écrit au sommet de l'obélisque de la place saint Pierre : *Christus vincit, Christus regnat, Christus imperat.*

Cependant, à cette heure même, le Christ est de nouveau spolié, souffleté, abreuvé de fiel et de vinaigre, captif dans son Vicaire. N'importe, il régne et régnera sans fin, et son Représentant visible persécuté, emprisonné, n'en est pas moins le successeur de Pierre ; les oracles tombés de de sa bouche infailllible ne s'imposent pas moins à notre foi

Ne sait-on pas d'ailleurs que le jour où le Pape ne pourrait plus parler librement au monde, et sauvegarder la vérité, le droit, la justice, la dignité des âmes, c'en serait fait de toute civilisation, de toute sécurité, de toute paix?...

Hélas! on ne s'aperçoit que trop déjà que Pie IX captif, l'Église souffre, ses chaînes pèsent sur tous ses enfants; et cette situation lamentable ne fera que s'aggraver chaque jour...

Est-il besoin d'invoquer d'autres preuves que celle des faits? En vain, en 1859, les écrivains catholiques ont jeté le cri d'alarme; en vain, en 1866, ont-ils clairement indiqué les désastres qui allaient fondre sur l'Europe; en vain, en ce moment même, appellent-ils l'attention publique sur les œuvres criminelles de la Révolution; des ténèbres épaisses font partout la nuit, et la tempête sociale monte, monte toujours, jusqu'au moment où, déchaînée, elle pourra, si rien ne lui fait obstacle, renverser et détruire notre société tout entière.

Dans ce cataclysme effroyable, il n'y a qu'une

pauvre petite nacelle qui ne fera jamais naufrage ;
la barque de Pierre, contre laquelle se briseront
toutes les tempêtes, avancera toujours vers le
port qui lui est assigné, portant dans ses flancs
l'avenir et la régénération du monde.....

Non, l'Église ne peut périr.

O Pontife-Roi, Chef de cette Église immor-
telle, Père de deux cents millions de catholiques,
Auguste Représentant du Fils de Dieu sur terre,
aux prises, comme Lui avec l'adversité ; vous
combattez pour la vérité et pour l'ordre ; nous
combattrons avec vous par nos larmes, par nos
prières, par toutes les aspirations de nos cœurs,
unis au Cœur de Jésus!...

Vos ennemis se séparent des hommes honnêtes
de tous les partis ; ils apparaissent comme une
épouvante sociale, en attaquant tout à la fois,
dans la souveraineté et les droits temporels de la
Papauté, les intérêts de la Religion et de la société,
l'autorité d'institutions que consacrent et garan-
tissent une origine pure, une possession incontes-
tée pendant de longs siècles. Mais nous, Catholiques de la France, nous ne faillirons pas à la

gloire héréditaire de notre pays ; si nous ne pouvons aujourd'hui rien faire de plus, tout au moins réclamerons-nous contre les abominations et les désolations dont nous sommes témoins.

Et puis, le divin Cœur de Jésus est avec nous ; et grâces lui en soient rendues ! c'est au milieu des afflictions qui inondent nos cœurs catholiques ; c'est sous le poids de l'oppression et des malheurs de notre chère patrie, que la Providence a fait briller à nos yeux un signe plein d'espérance, et le voici ce signe :

Le 23 août, l'illustre Pontife de la Vierge Immaculée, le bien-aimé Pie IX A VU LES ANNÉES DE PIERRE ! Ce privilége ne lui a pas été accordé sans raison... Cette grâce est, du reste, tout en notre faveur ; elle est pour le bien et l'avenir triomphant de l'Église, et, par une conséquence logique, pour le bien de la société moderne.

III.

INTERVENTION DU SACRÉ CŒUR

DANS LA CAUSE DE LA FRANCE

ET DE HENRI V

Que ne devons nous pas espérer de cette intervention divine pour notre chère patrie ? La dévotion au Cœur de Jésus n'a-t-elle pas pris naissance parmi nous ? La France n'a-t-elle pas déjà, en quelque sorte, été consacrée au Sacré Cœur par le plus infortuné de nos rois ?

C'était en 1792 : Louis XVI, privé de sa liberté et dépouillé de sa couronne, accablé par les malheurs de sa famille et de son royaume, fut inspiré de faire un vœu qu'il ne put alors proposer à son peuple, mais qui fut néanmoins un touchant témoignage de la dévotion que professait ce pieux monarque envers le Cœur de Jésus.

La France n'y intervint pas alors solennellement comme nation. Dieu voulait sans doute davantage.

Quoi qu'il en soit, la dévotion au Cœur de Jésus fit en France de consolants progrès, et la tourmente révolutionnaire fut incapable de les arrêter. Rien ne manqua pour en rehausser l'éclat : ni les parodies sacriléges des terroristes, ni le dévouement des héroïques martyrs et des généreux soldats de la foi. L'image de ce Cœur adorable brilla sur la poitrine de ses plus intrépides défenseurs, et plus tard, lorsque des jours meilleurs revinrent pour notre patrie, ne vit-on pas ses plus fidèles enfants se porter de plus en plus, avec élan, vers ce Cœur divin qu'ils avaient invoqué avec tant de confiance durant les jours de la persécution.

Depuis cette époque, d'année en année, s'est accru le nombre de nos provinces consacrées au Sacré Cœur de Jésus. Puisse bientôt la France entière se réfugier dans cet asile inviolable ! Là seulement elle peut espérer de retrouver son salut, sa prospérité, sa gloire !...

Les instincts religieux de cette nation, qui aujourd'hui plus que jamais, se révèlent dans ce sens, prouvent qu'elle le comprend ainsi. Tout récemment même, à l'heure de ses désastres inouïs, un vœu a été formé par un grand nombre de catholiques, vœu qui semble annoncer comme prochaine la réalisation de celui qui fut projeté par Louis XVI (1).

En outre, les intrépides volontaires de Charrette et de Cathelineau, revenant aux traditions de la première Vendée, n'ont-ils pas combattu pour la France, sous les auspices du Sacré Cœur? Et plus tard, les zouaves pontificaux n'ont-ils pas accompli un acte religieux, préparé, par l'effusion du sang de leurs frères sur les champs de bataille, leur consécration au divin Cœur?

Les circonstances qui ont amené le général de Charrette à cet acte solennel de piété sont trop pleines d'intérêt pour que nous les omettions.

(1) Ce vœu consiste dans la promesse de contribuer à l'érection à Paris, d'une église monumentale consacrée au Sacré Cœur de Jésus, lorsque le Saint-Siége et la France auront obtenu le triomphe sur leurs ennemis.

Le glorieux étendard qui, dans la lutte de Patay, passa de main en main, à mesure que succombèrent ceux qui eurent l'honneur de le porter, avait été brodé par les religieuses de .Paray-le-Monial, berceau de la dévotion au Sacré Cœur ; et une tradition du couvent désignait sous le nom de *défenseurs de l'Ouest,* ceux à qui il devait être confié. (1)

Eh bien ! c'est un de ces soldats qui, la veille de la bataille, avait demandé au Chef des volontaires de l'Ouest de les consacrer au Sacré Cœur (2).

(1) Le jour où cet étendard fut remis au brave de Charette, il recevait de la Délégation de Tours, le titre de Colonel de la Légion des Volontaires de l'Ouest; cette coïncidence parut significative. On le déploya bientôt, — c'était le premier vendredi du mois de décembre, — à cette bataille de Patay où fut décimé le régiment, où le lieutenant-colonel de Troussure fut massacré après le combat, par les Prussiens sur le champ de bataille où il gisait blessé, où le colonel, blessé lui-même et hors de combat, ne fut sauvé que par l'héroïque dévouement de son frère Ferdinand de Charette ; où périrent enfin en si grand nombre et avec un héroïsme incomparable tant de ces braves, vrais fils de la France, vrais chrétiens, vrais adorateurs du Sacré Cœur.

(2) Le jeune sergent de Verthamon.

Divers motifs pressèrent un jour le général de Charrette d'accomplir ce vœu, qui était le sien et celui de tous ses compagnons d'armes. On sait en quels termes il le fit, le 28 mai dernier, dans une des églises de Rennes, en présence de tous ses zouaves, qui participèrent ensuite à la Sainte Eucharistie, avec leur digne Chef.

« A l'ombre de ce drapeau, teint du sang de
« nos plus nobles et plus chères victimes, dit-il
« en ce moment, à haute voix, moi, général
« baron de Charrette, qui ai l'insigne honneur
« de vous commander, je consacre la légion des
« volontaires de l'Ouest, les zouaves pontificaux,
« au Sacré Cœur de Jésus, et avec ma foi de sol-
« dat, de toute mon âme, je dis et je vous deman-
« de de dire tous avec moi :

CŒUR DE JÉSUS, SAUVEZ LA FRANCE !

Que reste-t-il à faire sinon que la France, représentée par son Souverain, soit le plus tôt possible solennellement consacrée au Cœur de Jésus. Dieu le demande. Et pour en venir là que faut-il ? Il faut qu'une nation aussi éprouvée, aussi abaissée que l'a été la nôtre, rentre dans les conditions qui ont fait son unité, sa grandeur et sa force..... Il faut qu'elle reprenne ses garanties d'ordre et de liberté, dans la succession naturelle d'un pouvoir stable et incontesté !...

Et où les trouverons-nous ces garanties, si ce n'est dans l'auguste descendant de nos rois, dans le petit-fils de St-Louis, de Henri IV et de Louis XIV..... Et d'où pourrait venir, à cet homme de la Providence, la force avec laquelle il surmontera tant d'obstacles !... si ce n'est du Cœur de Jésus..... Ce divin Cœur nous le donnera donc....

Mais le moment est-il venu ? On pourrait en douter en voyant le triste spectacle qu'offrent nos temps et notre société ? N'est-ce pas une révolte universelle contre Dieu et contre son Eglise ?... Le sang innocent a coulé à flots sous le fer homicide, et des victimes nombreuses ont été immolées en haine de la religion et de la société chrétienne ; n'est-il point à craindre que la voix de ce sang et de ces crimes ne soit montée vers le ciel, comme le sang du juste Abel ?...

A nous de détourner le bras que la justice divine tient encore levé sur nos têtes ; à nous d'implorer le pardon et la miséricorde pour les coupables. Pour cela, entrons dans l'esprit de charité et de réparation, qui est précisément l'esprit de la dévotion au Sacré Cœur.

L'ingratitude des hommes, leurs péchés, leurs crimes, qui ont attiré sur le monde de si affreux malheurs, voilà surtout ce qui blesse le Cœur de Jésus. Eh bien ! *le zèle* pour arracher à l'enfer tant d'âmes qui méconnaissent leur Père qui est au ciel, et qui blasphèment contre leur Sauveur Jésus ; la *pénitence*, pour expier tant d'outrages faits à la Majesté divine ; voilà ce que l'amour et la réparation demandent de nous....

Ah ! ressaisissons la dignité du prosélytisme chrétien, du bon exemple, du désintéressement qui semble presque n'être plus de notre temps. Parlons, exhortons, agissons, souffrons dans un esprit de prière et de dévouement pour nos frères, si coupables et si terriblement égarés; et bientôt peut-être, à ces jours sombres et mauvais que nous traversons, succèderont les jours précurseurs d'une ère nouvelle....

Ajoutons, comme une affirmation de la récompense que notre charité aura le droit d'attendre, ces paroles sorties de la bouche de Pie IX : « Le « jour où la France sera bien pénétrée de l'idée « qu'elle ne doit pas seulement croire, mais « savoir aussi remplir ses devoirs religieux, ce « jour-là, la France sera sauvée, et reprendra « dans le monde, la place glorieuse qui lui a « été assignée par la Providence. »

En même temps que le cœur français se sent soulagé par ces accents prophétiques, on entend au fond de la conscience une voix qui parle en faveur de ce Pontife si doux et si fort, si humble et si grand, si malheureux et pourtant si aimé... On voudrait le secourir à tout prix....

Et pourquoi ne le dirions-nous pas en finissant ? Ce qui frappe tous ceux qui le voient et l'entendent, c'est son véhément amour pour notre pauvre nation... Il connaît tous les éléments de bien qui fermentent au sein de la fille aînée de l'Eglise. C'est sur elle qu'il fait reposer ses plus chères espérances !...

On aime ici à se rappeler quelques lignes de la lettre du pape Grégoire IX à Saint Louis :

« Le Fils de Dieu, dont le monde entier exécute les lois et aux désirs duquel les armées célestes s'empressent d'obéir, a établi sur la terre divers royaumes et gouvernements pour l'accomplissement de ses conseils. Mais comme autrefois, entre les tribus d'Israël, la tribu de Juda reçut des privilèges tout particuliers, ainsi le royaume de France a été distingué entre tous les peuples de la terre par une prérogative d'honneur et de grâce..., pour la protection de la liberté de la foi et de l'Église, pour le châtiment des impies et la défense de la justice... »

ÉPILOGUE

Catholiques et Français, notre devoir envers le Saint-Siége et envers la patrie est tracé ; soyons tous et chacun autant de liens qui, partant du trône apostolique, rattachent à jamais la France à ce centre immuable de toute stabilité aussi bien que de toute vérité.

Voilà notre mission. Le ciel et la terre, le temps et l'éternité nous la confient ; car il s'agit des intérêts de Dieu même.

Aujourd'hui encore la lutte est vive, si elle n'est pas sanglante ; elle est acharnée, si elle n'est pas meurtrière, mais ayons confiance, le Cœur de Jésus est avec nous ; c'est sous sa ban-

nière que nous combattons, donc nous vaincrons :
In hoc signo vinces.

Tous, oui tous, réunissons-nous sous l'étentard du Sacré Cœur, arrosé du sang de cette troupe héroïque, type chevaleresque de courage, qui a tant fait pour notre honneur ! Tous, oui tous, pressons-nous autour de Pie IX, qui doit un jour écraser, de son pied victorieux, la tête de la Révolution, acclamée en ce moment comme maîtresse du monde....

C'est à la France à donner l'exemple, à cette noble France, si chère au saint Pontife qui, chaque jour, prie pour sa cause. Ainsi se relèvera-t-elle de l'état d'abaissement, nous allions dire, de dégradation morale et religieuse où elle est plongée....

Autrefois, à la parole du prophète, l'esprit de Dieu passa sur une vaste campagne, remplie d'ossements desséchés, et les morts, ressuscités, sortirent de leurs tombeaux. De même un jour, nous en avons la confiance, l'influence de la charité du Cœur de Jésus s'étant fait sentir plus universellement et plus intimement, les intelligences, endormies dans l'indifférence, ou dévoyées par le philosophisme, les âmes enveloppées des ténèbres épaisses de l'erreur et de l'incrédulité, seront éclairées et reviendront à la vie !... Mais *l'heure est à Dieu.*

NOTA. — On lit dans une feuille religieuse, à la date du 26 août :

« Aucun de nos lecteurs n'ignore qu'il y a deux mois, à l'occasion de la fête du Sacré-Cœur, il a été question d'une consécration de la France entière au Sacré Cœur de Jésus . . . .
. . . .

« Nous avons la conviction que cette consécration de la France au Sacré Cœur se fera, et à l'heure où elle s'accomplira, le pacte de la victoire sera signé avec le ciel, et notre illustre patrie sera à la veille de vaincre ses ennemis et de ruiner leurs machinations.

« Mais, à nos yeux, cet acte si NÉCESSAIRE ne doit point se faire par l'initiative privée, il doit être un acte du pouvoir suprême, de celui en qui RÉSIDERA L'AUTORITÉ SOUVERAINE. Il appartient, il est vrai, aux évêques de faire cette consécration ; mais s'ils l'accomplissent au nom du pouvoir, surtout s'ils réalisaient cet acte de salut collectivement, et mieux encore, au nom du

Vicaire de Jésus-Christ interrogé, consulté et autorisant, nul ne saurait prévoir les suites heureuses qui en résulteraient pour la France !...

« C'est au milieu des malheurs où elles sont plongées que les nations trouvent des inspirations célestes pour mettre à exécution des desseins aussi sublimes et prendre des résolutions d'une sagesse si propre à les sauver. L'horizon, bien qu'éclairci, est encore sombre autour de nous, la Révolution est assez menaçante sans qu'il soit nécessaire de prophétiser sur l'avenir.

« Mais il est consolant de voir que si l'orage éclate, que si la tempête révolutionnaire se déchaîne dans le monde, nous savons du moins où tourner nos regards et en qui nous plaçons l'espérance de la victoire. »

CONSÉCRATION AU CŒUR DE JÉSUS

AU POINT DE VUE DE LA SITUATION ACTUELLE (1)

O Jésus qui, pour consoler les douleurs de votre Église et pour guérir les maux de la société, avez daigné nous révéler avec plus d'éclat, en ces temps mauvais, l'immense bonté de votre Cœur ; divin Chef de l'armée des élus qui avez fait de ce Cœur, symbole et organe de votre amour, le signe de salut autour duquel vos fidèles serviteurs doivent se rallier pour combattre avec succès la ligue de vos ennemis, daignez recevoir les hommages et les vœux de vos serviteurs, désireux de répondre à votre invitation et de concourir à la réalisation de vos miséricordieux desseins.

Nous venons donc nous consacrer entièrement à votre divin Cœur, et lui faire hommage de nos corps et de nos âmes, de tout ce que nous sommes et de tout ce que nous possédons. Déjà, ô Jésus, nous vous appartenions tout entiers, puisque nous n'avons rien dont nous ne soyons redevables à votre amour. Mais nous voulons désormais vous appartenir à un titre nouveau ; nous mettre plus que jamais sous votre heureux empire ; tenir plus constamment les yeux

. (1) Extraite du *Messager du Cœur de Jésus*.

fixés sur votre Cœur, pour imiter ses vertus, repro-
duire en nous ses sentiments, prendre ses désirs pour
règle de notre vie, et faire servir toute notre influence
au triomphe de ses divins intérêts.

Si, auprès de nous, un trop grand nombre de ceux
que vous avez comblés de vos bienfaits ne vous récom-
pensent que par la plus noire ingratitude, méconnaissent votre bonté, et luttent contre votre amour,
nous voulons réparer leur coupable infidélité par
une fidélité plus généreuse, et vous dédommager de
leurs outrages par des hommages plus empressés.

O MARIE, douce mère de JÉSUS et notre tendre mère,
vous qui seule connaissez parfaitement et honorez
dignement le Cœur de votre Fils, aidez-nous à mettre
en pratique, avec une générosité sans bornes et une
inébranlable constance, la consécration que nous
lui faisons en ce moment. Consacrez-nous vous-même
à lui; offrez-lui le Pasteur et le troupeau; et obtenez-
nous la grâce de ne vivre plus désormais, comme
vous, que de l'amour de JÉSUS, pour mourir dans ce
saint amour, et en goûter tous ensemble avec vous
les délices durant l'éternité. Ainsi-soit-il.

ACTE DE FOI

RELIGIEUSE ET POLITIQUE .

Romæ sedebunt Pontifices, quamdiu regna-
bunt in Gallia Reges : (1) A Rome siégeront
les papes, tant qu'en France siégeront les
rois.

Nous le croyons fermement, sans les
funestes doctrines qui ont jeté notre pays
dans l'abîme des révolutions, et sans les
malheurs qui l'ont privé pour un temps de
ses princes légitimes, jamais l'impiété n'au-
rait osé toucher au pouvoir temporel des
Souverains Pontifes...

Oui, le jour où pour retrouver le bonheur
et la gloire, sous l'étendard des lis, la

____

(1) Liber mirabilis.

France renoncera aux agitations politiques qui l'accablent, Rome sera purgée des abominations qui la souillent, et la papauté triomphante reprendra sa marche glorieuse à travers les siècles.

Nous attendons un tel résultat de votre intervention miséricordieuse, ô Cœur sacré de Jésus ! car, c'est à vous que le Saint-Siége et notre patrie ont été spécialement confiés dans ces derniers temps, et vous voulez les secourir et les consoler…

Le Mans. — Imp. Leguicheux-Gallienne.

IN SPE CONTRA SPEM

COR JESU SACRATISSIMUM

MISERERE NOBIS

Le Mans. — Imp. Leguicheux-Gallienne.